A2 B1

INTERMÉDIAIRE

Jackson Noutchié Njiké

CIVILISATION PROGRESSIVE DE LA FRANCOPHONIE

CORRIGÉS

Avec 500 activités

CLE INTERNATIONAL

www.cle-international.com

Direction éditoriale : Michèle Grandmangin
Édition : Odile Tanoh-Benon
Mise en pages : Lo Yenne
Couverture : Miz'enpage
Correction : Solange Kornberg

ISBN : 978-209-035186-6

LA FRANCOPHONIE, C'EST QUOI ?

— HISTORIQUE p. 11

1 Géographe.

2 L'idée de Senghor est acceptée et des institutions de la Francophonie commencent progressivement à se mettre sur pied.

3 • 1°) **Géographique**, car la francophonie est un ensemble de territoires. – 2°) **Culturelle**, car la francophonie représente des peuples liés par une langue, le français. – 3°) La troisième définition est **politique**, car la francophonie est devenue un système avec des institutions techniques, politiques et économiques, qui interviennent dans les affaires du monde.
• 1°) La francophonie comme entité géographique se rapporte à la période coloniale de la France, de 1880 à 1960. – 2°) La francophonie culturelle s'est développée après 1960. – 3°) Et la Francophonie politique se développe depuis 1997, avec la création de l'Organisation internationale de la Francophonie.

4 • **500 millions :** c'est la population des territoires où le français est langue maternelle, langue officielle ou une des langues officielles. • **120 millions :** c'est le nombre de personnes qui parlent effectivement le français.

— LE SYSTÈME FRANCOPHONE p. 13

1 • **OIF** : Organisation internationale de la Francophonie • **AIF** : Agence intergouvernementale de la Francophonie • **AUF** : Agence universitaire de la Francophonie • **AIMF** : Association internationale des maires francophones • **APF** : Assemblée parlementaire de la Francophonie • **CMF** : Conférence ministérielle de la Francophonie • **CPF** : Conseil permanent de la Francophonie.

2 • OIF • AIF • AUF • TV5 • AIMF.

3 • Le Sommet (ou : la Conférence) des chefs d'État et de gouvernement membres de la Francophonie • la Conférence ministérielle de la Francophonie • le Conseil permanent de la Francophonie.

4 • **Asie :** 1997 à Hanoï (Vietnam) ; 2002 à Beyrouth (Liban). • **Amérique :** 1987 au Québec (Canada); 1999 à Moncton (Canada). • **Europe :** 1986 à Paris (France), 1991 au palais de Chaillot à Paris (France). • **Afrique :** 1989 à Dakar (Sénégal) ; 1993 à Maurice (île Maurice) ; 1995 à Cotonou (Bénin).

5 • Quatre ans • le Sommet des chefs d'État et de gouvernement pour le secrétaire général de l'OIF; la Conférence des ministres de la Francophonie pour l'administrateur général de l'AIF.

L'AFRIQUE DE L'OUEST

— GÉOGRAPHIE - HISTOIRE p. 15

1 Le Niger, la Gambie et le Sénégal. • Ces fleuves arrosent principalement le Mali, le Niger, le Sénégal, la Guinée.

2 La France et l'Angleterre.

3 Mauritanie, Sénégal, Mali, Guinée.

4 Sénégal, Mali, Burkina Faso, Guinée.

5 Kankan Moussa. • Il a fait connaître son royaume jusqu'à La Mecque.

— POLITIQUE - ÉCONOMIE p. 17

1 Instauration du multipartisme.

2 Le Mali, le Sénégal, le Bénin.

3 L'Union économique et monétaire ouest-africaine (UEMOA) • Le franc de la Communauté financière africaine ou franc CFA (FCFA) • La parité entre l'euro et le FCFA est fixe : 1 euro = 656 FCFA.

4 Les pères de l'indépendance • Léopold Sédar Senghor au Sénégal ; Félix Houphouët Boigny en Côte d'Ivoire ; Ahmed Sékou Touré en Guinée ; Modibo Keita au Mali ; Sylvanus Olympio au Togo ; Hubert Maga au Bénin ; Maurice Yaméogo au Burkina Faso ; et Hamani Diori au Niger.

— LANGUES - RELIGIONS p. 19

1 • Origine nigéro-congolaise et origine nilo-saharienne • Le bambara, le peul, le dioula • Le fon et le haoussa.

2 • **Yao :** vendredi • **Adjoua :** mardi • **Ahou :** jeudi • **Kouadio :** mardi • **Koffi :** samedi • **Amlan :** mercredi • **Affoué :** samedi • **Kouakou** : jeudi • **Akissi :** lundi • **Kouamé :** dimanche.

3

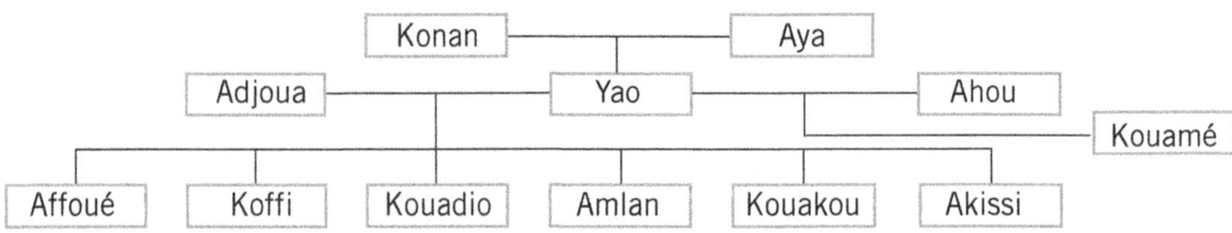

4 L'islam et le christianisme. • Non, on y ajoute souvent des pratiques animistes et païennes.

— HOMMES DE LETTRES p. 21

1 Léopold Sédar Senghor naît en 1906 au Sénégal. Agrégé de lettres, il a publié de nombreux recueils de poèmes, parmi lesquels *Chants d'ombre* en 1945, *Hosties noires* en 1948, *Éthiopiques* en 1956, *Nocturnes* en 1961, *Lettres d'hivernage* en 1973. Il est l'un des « pères » du concept de négritude et a été président du Sénégal.

2 Senghor définit la négritude comme l'ensemble des caractéristiques culturelles et historiques des peuples noirs. Ces caractéristiques sont, selon Senghor, l'apport de ces peuples noirs dans le « grand rendez-vous du donner et du recevoir ».

3 Par exemple, l'Africain apporte la danse ; l'Américain : le cinéma ; l'Européen : la science physique ; l'Indien (d'Amérique) : la magie ; l'Arabe : les mathématiques ; l'Asiatique : l'horloge. Cet exercice pourra faire l'objet d'un échange verbal.

4 Parce que, pendant longtemps en Afrique, la culture s'est transmise par la voie orale. Les plus anciens, qui avaient donc une certaine expérience, étaient ainsi considérés comme des « gardiens des traditions ».

❶ LE BÉNIN : les zémidjans p. 23

1 *Zémidjan* vient de l'expression béninoise *zémi,* qui veut dire « transporte-moi », et de l'onomatopée *djan,* qui imite le bruit des motos roulant sur les trous de la route.
2 Les zémidjans font du transport avec leurs motos. Vous les stoppez dans la rue, et ils vous emmènent où vous voulez, moyennant paiement.
3 L'activité des zémidjans s'est développée au milieu des années 1980, quand le Bénin traversait une dure crise économique.
4 Proche du peuple.
5 **Avantages :** les prix sont accessibles à la majorité des Béninois et ils pénètrent même dans les quartiers les plus reculés. **Inconvénient :** ils sont victimes de nombreux accidents.
6 On peut proposer, par exemple, de construire des couloirs spéciaux réservés aux zémidjans ; chaque conducteur de zémidjan devrait passer un permis, porter un casque (ainsi que son client), disposer d'une boîte de premiers soins, etc.
7 Cotonou, Porto-Novo.
8 Les Béninois.

❷ LE BURKINA FASO : le moro naba p. 25

1 • Le moro naba • Du nord de l'actuel Ghana • Vers le XVe siècle • Le moré • Ouagadougou.
2 Chef des armées, juge suprême, grand percepteur des impôts et des taxes.
3 Des conseillers écoutés et des gardiens des traditions ancestrales.
4 Le nom *Ouédraogo,* qui est celui du premier moro naba de l'histoire des Mossis, veut dire « étalon » ou « cheval » en français. Quant à sa mère, elle s'appelait Yennenga. • La princesse Yennenga, la mère du moro naba Ouédraogo, combattait pendant les guerres comme un homme et montait très bien à cheval. Elle jouait aussi un rôle important dans l'administration du royaume.
6 Ouagadougou et Bobo Dioulasso.
7 Les Burkinabés.

❸ LA CÔTE D'IVOIRE : le zouglou p. 27

1 • En 1990 • Les étudiants • Pour dénoncer leurs conditions de vie difficiles • En nouchi.
2 Il s'agit d'une langue véhiculaire, c'est-à-dire qu'elle permet à des gens de langues différentes de communiquer entre eux ; et c'est une langue créée et parlée par les jeunes. • *Nouchi* vient de « moustache ». Les jeunes qui aimaient regarder les westerns venus des États-Unis avaient remarqué que le chef des bandits portait toujours une moustache et parlait un français différent des autres. Quand ils ont inventé leur langue, ils lui ont donné le nom de *nouchi.*
3 *la go* = la femme ; *j'avais un peu* = j'avais un peu d'argent ; *on était ensemble* = tu avais accepté d'être ma copine ; *gaou* = naïf.
4 Abidjan, Yamoussoukro, San Pedro, Bouaké, Korhogo.
5 Les Ivoiriens.

❹ LA GUINÉE : les marabouts p. 29

1 • Le football est le sport le plus populaire de Guinée. • Le Silly National de Guinée.
2 Avant le match, les joueurs du Hafia Club allaient consulter un homme considéré comme un grand mystique. Il pratiquait quelques rites de sorcellerie, comme immoler un coq blanc ou traverser en sautant sur les jambes des joueurs de l'équipe. À la fin, il leur promettait la victoire.
3 Le psychologue essaie, en faisant parler ses patients, de les conduire à la guérison s'ils ont des problèmes psychiques ou relationnels. Le marabout, lui, donne un moral de vainqueur à son patient, il lui évite toute peur.
4 Roger Milla, George Weah.
5 Conakry, Kankan.
6 La Guinée-Conakry • Les Guinéens.

❺ LE MALI : les griots p. 31

1 Transmettre l'histoire de l'Afrique de l'Ouest, de génération en génération.
2 • **Journaliste** : les griots sont cultivés et utilisent la parole. • **Musicien** : les griots chantent et utilisent des instruments de musique comme la cora. • **Sociologue** : les griots mesurent les rapports de forces dans les tribus, et savent à qui s'adresser, quand s'adresser, avec quelle attitude, etc. • **Psychologue** : les griots sont appelés à gonfler le moral des troupes pendant les guerres.
3 Mory Kanté, Salif Kéïta.
4 La presse n'est pas toujours totalement libre, car même dans les pays développés, elle peut être manipulée par les grands groupes financiers.
5 Bamako, Tombouctou.
6 Les Maliens.

❻ LE NIGER : le chameau p. 33

1 • Vers le ve siècle • Au transport des hommes et des produits • Leur pelage peut être tissé pour en faire des tapis, des tentes et des vêtements ; leur fumier peut servir de combustible, etc.
2 Le Niger est pauvre, grand et désertique. Sans le chameau, il serait difficile pour beaucoup de personnes de rallier les coins reculés du pays.
3 On ajoute au lait de chameau du phosphate de calcium, pour lui permettre de cailler. • Du tchoukou. (Rappelons que le mot **chameau** est utilisé ici dans son sens générique.)
4 Niamey, Zinder.
5 Les Nigériens.

❼ LE SÉNÉGAL : les mourides p. 35

1 • Amadou Bamba Mbacké • Touba • Le magal.
2 Être dévoué à son marabout et accorder une grande place au travail.
3 Pouvoir être enterré à Touba.
4 Les moments les plus importants pendant les magals se situent aux heures de la prière, des conciliabules, des repas, des offrandes au sérigne.
5 Dakar, Saint-Louis, Thiès, Louga, Touba.
6 Les Sénégalais.

❽ LE TOGO : les nanas Benz p. 37

1 • La vente des pagnes. • Ces femmes, dès qu'elles faisaient fortune, s'achetaient des voitures de la marque Mercedes Benz. • Fortunées, illettrées, élégantes. • Principalement de Hollande.
2 Pendant les années 1970 et 1980, leur activité était très prospère. Depuis le début des années 1990, elle est sur le déclin.
3 Provenance des motifs : Togo ou tout autre pays d'Afrique de l'Ouest. – Fabrication et impression du tissu : Hollande. – Vente : Togo ou tout autre pays d'Afrique.
4 Lomé, Sokodé.
5 Les Togolais.

L'AFRIQUE CENTRALE

— GÉOGRAPHIE - HISTOIRE p. 39

1 Parce que le désert, la savane et la forêt, qui sont les principales végétations de l'Afrique, y sont représentés.

2 • **La forêt :** les arbres sont grands et peu espacés. La végétation est verte. • **La savane :** les arbres sont petits et espacés. Les herbes sont hautes et la verdure tend à disparaître. • **Le désert :** les sols sont arides et sablonneux. Les herbes ont beaucoup de mal à pousser.

3 Le Kanem, situé autour du lac Tchad.

4 Les Pygmées.

5 L'Allemagne obtint le Cameroun ; la France obtint la Centrafrique, le Congo, le Gabon et le Tchad.

6 L'Afrique Équatoriale française.

7 • Il y a plusieurs milliers d'années, la terre était un seul bloc entouré des océans. Puis le bloc s'est peu à peu divisé en plusieurs continents. • Le continent américain s'écarte de l'Afrique.

— POLITIQUE - ÉCONOMIE p. 41

1 Ce sont des républiques.

3 • **Pétrole :** Gabon, Congo, Cameroun, Tchad • **Cacao :** Cameroun, Gabon, Congo • **Café :** Cameroun, Congo • **Bois :** Gabon, Congo, Cameroun, Centrafrique • **Diamants :** Centrafrique.

4 • **Cemac :** Communauté économique et monétaire de l'Afrique centrale • **FCFA :** franc de la Communauté financière africaine.

5 Jean-Bedel Bokassa est un ancien colonel de l'armée centrafricaine, qui a pris le pouvoir en République centrafricaine à la suite d'un coup d'État, en 1966. Il se fera sacrer empereur en 1976 avant d'être destitué lors d'un autre coup d'État, en 1979.

— LANGUES - RELIGIONS p. 43

1 Le groupe bantou, le groupe nigéro-congolais et le groupe nilo-saharien.

2 Le bamiléké, l'éwondo et le bassa au Cameroun.

3 Le bamiléké au Cameroun, le fang au Gabon et le lingala au Congo.

4 *a)* C'est par respect que l'éléphant vient dans votre champ dans la nuit. S'il venait le jour, que feriez-vous ? – *b)* La chèvre broute là où elle est attachée. – *c)* C'est sur l'arbre qui porte des fruits qu'on jette des pierres. – *d)* Celui qui a la diarrhée n'a plus peur de l'obscurité. – *e)* Quand deux couteaux se battent, le poulet ne met pas sa bouche dedans. – *f)* Ce n'est pas dans ma bouche que tu vas manger ton piment. – *g)* La pluie est tombée, on ne peut plus la renvoyer au ciel.

5 Le christianisme, l'islam, l'animisme.

— HOMMES DE LETTRES p. 45

1 La colonisation et les dictatures africaines.
2 Éza venait du patronyme d'Ezra Pound, un écrivain américain qu'il admirait beaucoup.
3 Il dénonce les nouveaux rapports entre la France et l'Afrique, après les indépendances de ces pays africains.
4 Il est un écrivain engagé et pas un homme politique. • Parce qu'il n'a jamais officiellement milité dans un parti.
6 Henri Lopès est l'un des écrivains congolais les plus grands et les plus connus. Il a également exercé d'importantes responsabilités politiques et diplomatiques. Il a été Premier ministre du Congo et directeur à l'Unesco. Parmi ses œuvres littéraires, on peut citer *Tribaliques* (1972) et *Le Pleurer-Rire* (1982).
7 Le Cameroun.

❶ LE CAMEROUN : le ndjangui p. 47

1 « À chacun son tour ».
2 Les revenus, les ethnies, les activités professionnelles.
3 Les membres de l'assemblée se regroupent à un rythme régulier. Chacun cotise une somme fixe, et l'un des membres rentre chez lui avec la totalité des fonds réunis. À la fin d'un cycle, tous les membres doivent avoir remporté une fois la mise.
4 30 % de la masse monétaire du Cameroun est drainée par les ndjangui ; 75 % des familles camerounaises appartiennent à des ndjangui.
5 • Oui • Parce que les membres des ndjangui s'assistent mutuellement, tant matériellement que moralement, en cas de coup dur.
6 Yaoundé, Douala, Bafoussam, Bamenda, Garoua.
7 Les Camerounais.

❷ LA RÉPUBLIQUE CENTRAFRICAINE : viande de brousse p. 49

1 14,5 kilogrammes par an.
2 Les petits singes, les buffles et les antilopes.
3 Les paysans creusent dans la forêt des grands trous, qu'ils recouvrent de feuilles. Dans la nuit, les animaux sont pris dans ce piège et, tôt le matin, ils seront capturés.
4 De janvier à mai.
5 Ils vivent dans la forêt dense, et se nourrissent essentiellement des produits de la chasse, de la pêche et de la cueillette.
6 **Avantage :** il permet à chacun de donner ce qu'il a et, en échange, de recevoir ce qui lui manque. **Inconvénient :** il est difficile de donner la valeur exacte des produits échangés, ce qui rend ces échanges parfois inégaux.
7 Bangui, Bouar.
8 Les Centrafricains.

❸ LE CONGO : les sapeurs p. 51

1 **S**ociété des **a**mbianceurs et des **p**ersonnes **é**légantes.
2 Au milieu des années 1980.
3 Le dimanche, des groupes de jeunes, dans une cour d'école ou d'église, organisaient des défilés de mode. À la fin, des personnes dites « neutres » désignaient le groupe le plus « sapé » de la ville.
5 Brazzaville, Pointe-Noire.
6 Les Congolais.

❹ LE GABON : l'iboga p. 53

1 • Les maladies liées à la toxicomanie. • Les guérisseurs l'utilisaient pour organiser ce qu'ils appelaient le « retour vers les ancêtres ». • L'ibogaïne.
2 C'est un médicament efficace ; il peut faire connaître le Gabon à beaucoup d'étrangers ; il peut ramener de l'argent au Gabon.
4 Libreville, Port-Gentil.
5 Les Gabonais.

❺ LE TCHAD : Toumaï p. 55

1 • En juillet 2002 • « Espoir de vie » • Six à sept millions d'années • Dans le Djourab, une zone désertique du nord du Tchad • Un crâne, deux fragments de mâchoire et trois dents isolées.
2 *Sahelenthropus tchadensis.*
3 Par de nombreuses fêtes. Lors d'une de ces fêtes, à laquelle participaient les plus hautes autorités du pays, il a été officiellement annoncé que « le Tchad est le berceau de l'humanité ».
4 Ndjamena, Moundou.
5 Les Tchadiens.

L'AFRIQUE DES GRANDS LACS

— GÉOGRAPHIE - HISTOIRE p. 57

1 Parce qu'on y trouve de nombreux volcans toujours en activité, dont les cratères ont formé des lacs.
2 Lac Tanganyika, lac Kivu, lac Victoria.
3 Ils forment une crête qui s'étend sur 50 kilomètres, à une hauteur comprise entre 1 900 et 3 000 mètres.
4 • **Historique :** le pays n'a pas connu l'esclavage. • **Géographique :** le climat favorable entraîne une forte natalité.
5 • **RDC** → colonisateur : Belgique • **Burundi** → colonisateur : Allemagne; administrateur : Belgique • **Rwanda** → colonisateur : Allemagne; administrateur : Belgique.

— POLITIQUE - ÉCONOMIE p. 59

1 • République • République • République.
3 Le cuivre, le diamant, l'or, le cobalt, le palmier à huile, l'hévéa, le coton, le café.
4 Le franc burundais, le franc rwandais et le franc congolais.
5 Les hommes s'habillaient en costumes locaux, qu'on appelait *abacost,* et ils changeaient leurs noms et prénoms occidentaux en noms locaux.

— LANGUES - RELIGIONS p. 61

1 • **Burundi** : le kirundi • **Rwanda** : le kinyarwanda • **RDC** : le lingala, le ciluba, le kikongo et le swahili.
2 • **Véhiculaire** : langue qui permet à des peuples différentes régions de communiquer • **Vernaculaire** : langue propre à une région donnée.
3 Parce que le colonisateur belge, qui ne souhaitait pas que les Africains apprennent le français, a organisé et structuré les langues vernaculaires de la région des Grands Lacs.
4 • *Nazali francophone, ebongo yo?* • *Munu kele francophone, ebosi nge?* • *Niko francophone, basi wewe?* • *Ndji francophone, kadi wewa?*
5 Le christianisme.
6 La guerre et la pauvreté.

— HOMMES DE LETTRES p. 63

1 Il a fait des études supérieures à Kinshasa et en Belgique, puis a mené une carrière d'universitaire en Belgique.
2 *Entre les eaux* (1973), *Le Bel Immonde* (1976), *L'Écart* (1979), *Shaba deux* (1989), *Déchirures* (1971), *Entretailles* (1973), *L'Autre Face du royaume* (1973).
3 *La Philosophie bantoue-rwandaise de l'être* (1956).
4 Séraphin Kabanyegeye, Louis Katamari, Michel Kakoya.
5 Parce qu'il s'agit d'une littérature peu publiée et peu diffusée.
6 Pour certains, il s'agit de documents non disponibles dans les circuits de distribution. Pour d'autres, il s'agit de documents produits à l'intention d'un public restreint.
7 On a parfois l'impression qu'elle n'existe pas.

❶ LE BURUNDI : les champs p. 65

1 Les trois quarts.
2 • **Technique et culture** → **extensive :** les surfaces sont petites ; **intensive :** les surfaces sont très grandes • **Matériel** → **extensive :** la houe, la hache, la machette, la pioche ; **intensive :** tracteurs et autre machines agricoles • **Semences** → **extensive :** semences non sélectionnées ; **intensive :** semences sélectionnées.
3 Tôt le matin, les paysans vont s'installer dans les champs et y travaillent toute la journée.
4 • **La houe** comprend une lame droite enfilée à la verticale du manche. Elle sert à retourner la terre. • **La hache** comprend un manche droit, une lame épaisse dont un bout est tranchant. Elle sert à couper les arbres. • **La machette** est composée d'une lame longue avec, au bout, un petit manche. Elle sert à couper les herbes et à tuer les animaux nuisibles. • **La pioche** comprend un manche droit et une lame de fer dont un côté est pointu et un autre plat. Elle sert à creuser la terre.
5 Bujumbura, Gitega.
6 Les Burundais.

❷ LA RÉPUBLIQUE DÉMOCRATIQUE DU CONGO : Franco p. 67

1 • Luambo Makiadi • La rumba • *Testament ya bowule*, *Très impoli*, *Muzo*, *Mario*.
2 La légende veut qu'il ait composé *Mario* lors des obsèques d'un de ses amis, qui s'appelait justement Mario.
3 Matongé.
4 On effectue des mouvements du bassin accompagnés de gestes synchronisés des bras.
5 Kinshasa, Kananga, Kisangani, Kolwezi, Lubumbashi.
6 Les Congolais.

❸ LE RWANDA : les gacaca p. 69

1 Gazon.
2 Accusés, témoins, victimes, population s'installent sur un terrain vague et disent tout ce qu'ils savent sur le génocide de 1994.
3 • **Cellule** : juge ceux qui ont pillé et/ou volé • **Secteur** : juge ceux qui ont donné la mort sans l'intention de la donner • **Districk** : juge ceux qui ont été de fidèles exécutants • **Tribunaux classiques** : jugent les planificateurs.
5 Kigali, Giseny.
6 Les Rwandais.

L'OCÉAN INDIEN

— GÉOGRAPHIE - HISTOIRE p. 71

1 L'Afrique à l'ouest, l'Asie au nord, l'Australie à l'est.
2 • **Relief** : accidenté, avec des volcans de faible activité, à l'exception du piton de la Fournaise, à la Réunion • **Climat** : chaud et humide • **Pluies** : pendant presque toute l'année.
3 Une dizaine.
4 Inondation des habitations, destruction des routes et des poteaux électriques • Vitesse pouvant être supérieure à 200 km/heure, pluies diluviennes, élévation importante du niveau des eaux • Non, grâce à des moyens importants d'alerte, ce qui permet aux populations de mieux se protéger.
5 Des Africains d'origine bantoue.
6 Les Européens se sont installés entre le XVIe et le XVIIIe siècle, en même temps que les esclaves africains (qu'ils amenaient pour pouvoir travailler les terres disponibles).

— POLITIQUE - ÉCONOMIE p. 73

1 **Comores, Madagascar, île Maurice, Seychelles :** républiques indépendantes. **Mayotte :** collectivité départementale française. **La Réunion :** département français d'outre-mer.
2 Cela peut entraîner des conflits, notamment quand les niveaux de vie sont très inégaux dans des territoires voisins ayant des statuts différents.
3 Les Comores.
6 L'île Maurice.
7 Le sucre, le textile, le tourisme.

— LANGUES - RELIGIONS p. 75

1 Le malgache, le mahorais, le comorien.
2 Ce sont toutes des langues métissées.
3 Elle est déjà parlée par toute une partie de l'Afrique et elle a une vieille tradition écrite.
5 Le christianisme, l'islam, l'hindouisme.
6 Le créole réunionais est une déformation du français, alors que le créole calédonien connaît une grande influence de l'anglais américain.

— HOMMES DE LETTRES p. 77

1 • Parce qu'il se croit rejeté par les Français qui ne voient en lui qu'une simple « réussite coloniale », et par les Malgaches qui le considèrent comme un « lettré » blanc. • *Presque-songes* (1934) et *Traduit de la nuit* (1935).
2 • L'île Maurice • Ambassadeur de son pays en Afrique du Sud et directeur à l'Unesco.
3 Le métissage et l'insularité (l'appartenance à une île).
5 En 1909 pour *En France.*
6 *Escale aux Mascareignes.*

❶ LES COMORES : prendre femme p. 79

1 • Annoncer sur la place publique les dates des différentes manifestions. • Les femmes manifestent bruyamment leur joie dans tout le village. • Distribution d'argent, de riz ou de viande de bœuf dans tout le village • Le marié va retrouver sa future femme dans leur foyer. • Danse pendant laquelle la mariée apparaît pour la première fois.

3 C'est le fait, pour un homme, d'avoir plusieurs femmes.

5 La Grande Comore, Mohéli, Anjouan.

6 Les Comoriens.

❷ MADAGASCAR : les morts p. 81

1 Les morts veillent sur les vivants.

2 Ils organisent d'importantes funérailles, qui paralysent les activités des participants pendant des mois. Ensuite, ils procèdent à l'exhumation du corps du mort.

3 On déterre le mort, on nettoie ses os, on change son linceul et on le garde chez soi pendant deux jours, avant de l'enterrer de nouveau.

5 Antananarivo, Antsirabe, Mahajanga, Tamatave, Toleara.

6 Les Malgaches.

❸ L'ÎLE MAURICE : la zone franche p. 83

1 • En 1970 • Plus de 500 entreprises • Plus de 91 000 personnes.

2 La stabilité politique, la volonté de s'ouvrir aux autres et la lutte contre la corruption.

3 Le revenu annuel par tête d'habitant est de 4 000 dollars.

5 Port-Louis, Curepipe, Pamplemousse.

6 Les Mauriciens.

❹ MAYOTTE : les bangas p. 85

1 Parce qu'on veut éviter à des frères et sœurs de cohabiter dans une petite maison et qu'on désire leur donner un début d'autonomie.

2 C'est une construction en bambous, sur laquelle on a appliqué un mélange de terre et d'herbes séchées et broyées. Le toit est en feuilles de coco tressées.

3 Mamoudzou, Dzaoudzi • Les Mahorais.

LA RÉUNION : le séga p. 85

4 • Un siècle et demi • Des descendants d'esclaves • Au cours des services funéraires, des mariages, des anniversaires • Elle consiste principalement en des tournures suggestives du bassin.

5 Les hommes sont vêtus d'une chemise et d'un pantalon corsaire ; et les femmes, de petits hauts et d'une jupe collante aux hanches et très large vers le bas.

6 Saint-Denis, Saint-Louis, Saint-Paul • Les Réunionnais.

❺ LES SEYCHELLES : le tourisme p. 87

1 Le pays est constitué de 115 îles, la mer est bleue, le sol granitique et corallien, l'île d'Aldabra abrite 100 000 tortues géantes, etc.

2 « Patrimoine mondial de l'humanité ».

3 L'exotisme, le soleil, la mer.

4 Le manque de moyens de communication, l'absence d'une politique de promotion du tourisme, la corruption.

5 Mahé, Victoria • île Aride, île Praslin, île de la Digue, île Frigate, île Nord, île Silhouette, île Sainte-Anne, île Thérèse...

6 Les Seychellois.

LES PAYS ARABES

— GÉOGRAPHIE - HISTOIRE p. 89

1 Ils se trouvent principalement en Afrique du Nord et dans le Proche-Orient ; leur climat est aride et devient plus froid quand on approche des côtes.
2 L'océan Atlantique, la mer Méditerranée et la mer Rouge.
3 • 3 000 ans avant Jésus-Christ • Le pharaon • Environ 342 ans avant Jésus-Christ.
4 Les hiéroglyphes • Sacré et gravé.
5 Des ossements humains datant de 500 000 ans avant Jésus-Christ y ont été découverts ; l'islam y a été fondé en 617.

— POLITIQUE - ÉCONOMIE p. 91

1 L'Égypte était un protectorat anglais ; l'Algérie, un territoire français ; le Maroc et la Tunisie, des protectorats français ; la Syrie et le Liban, sous mandat français d'administration ; Djibouti, une colonie française.
2 • Le Maroc • Des républiques.
3 Les Comores.
4 Le Proche-Orient représente la région située à la charnière entre les continents africain et asiatique. Le Moyen-Orient est une région beaucoup plus large, allant de la Libye (en Afrique) à l'Afghanistan (en Asie).
5 • Le 1er novembre 1954, par une série d'attentats • Le Front de libération nationale (FLN) • En 1958, avec le retour du général de Gaulle au pouvoir en France • À Évian, en France.
6 Le pétrole, le gaz naturel, le phosphate et le tourisme.

— LANGUES - RELIGIONS p. 93

1 L'arabe.
2 Le kurde, l'araméen, l'arménien, les langues berbères, le pular, le wolof, les langues afars et issas, etc.
3 • Depuis au moins le début de notre ère • Ils viennent de Cham et Sem, deux fils du patriarche Noé, pour différencier leurs descendances • Parce que le prophète Mahomet, fondateur de l'islam, s'est servi de cette langue pour répandre la parole de Dieu.
4 • De 29 signes répartis en 26 consonnes et 3 voyelles • De droite à gauche.
5 62 ans • 10 ans.
6 Des chrétiens et des juifs.

— HOMMES DE LETTRES p. 95

1 En 1988.
2 Parce qu'il dépeint généralement dans ses livres la vie des gens modestes.
3 En 1987, avec *La Nuit sacrée.*
4 **Roman :** *La Réclusion solitaire.* **Essai :** *La Plus Haute des solitudes.* **Pièce de théâtre :** *La Fiancée de l'eau.* **Recueil de poèmes :** *À l'insu du souvenir.*
5 En 1993, pour *Le Rocher de Tanios.*
6 Parce qu'on ressent dans ses romans les différentes influences et traditions qui ont traversé le Liban, son pays d'origine.
7 Tous les trois ont reçu au moins un prix important.

❶ L'ALGÉRIE : le raï p. 97

1 La misère des gens, les problèmes des jeunes, les problèmes sociaux, économiques et politiques.

2 Au départ, il n'est chanté que par les femmes, lors des cérémonies de mariage et de circoncision. Ensuite, il devient une musique de revendication, chantée par tous.

3 Au milieu des années 1980.

4 Khaled • Didi.

5 Alger, Annaba, Bejaïa, Constantine, Oran.

6 Les Algériens.

❷ DJIBOUTI : démocratie nomade p. 99

1 Les Afars, les Arabes, les Gadaboursis, les Issaqs et les Issas.

2 Tous les clans doivent être représentés, aussi bien dans l'administration du pays que lors de la composition des listes électorales.

3 • (Réponses personnelles). • **Avantage :** tout le monde participe à la marche de la société. **Inconvénient :** les critères de compétence sont parfois négligés au profit de la seule représentation tribale.

4 Djibouti, Tadjourah.

6 Les Djiboutiens.

❸ ÉGYPTE : Le film arabe p. 101

1 • Les pays du Maghreb et du Moyen-Orient • Youssef Chahine • En 1927.

2 Des populations de plusieurs pays arabes découvrent le cinéma arabe pour la première fois grâce à des films égyptiens.

3 Une centaine de films.

4 1930-1940 : la décennie du réalisme, avec comme chef de file Naguib Mahfouz; suivront près de quarante ans de narration avec Youssef Chachine; depuis le début des années 1980, on observe un retour au réalisme, mais avec de moins en moins de grandes problématiques.

5 Le Caire, Alexandrie, Ismaïlia, Port Saïd, Siwah.

6 Les Égyptiens.

❹ LE LIBAN : le narguilé p. 103

1 On remplit d'eau son réservoir. Au-dessus, au milieu de morceaux de charbon chauffés, on dépose du tabac. Le fumeur peut alors aspirer la fumée à partir d'un embout relié à l'appareillage par un long tuyau.
2 Dans les cafés de la ville.
3 La santé des fumeurs peut se détériorer, ce qui a amené les médecins locaux à se mobiliser contre une trop grande consommation du narguilé.
4 • Quinze ans, de 1975 à 1990 • Les pays arabes et Israël, sur le territoire libanais • Des problèmes entre Arabes et Israéliens, et des problèmes entre communautés religieuses libanaises.
5 Beyrouth, Tripoli.
6 Les Libanais.

❺ LE MAROC : les moqademas p. 105

1 Ce sont des êtres surnaturels qui peuplent le monde, qui peuvent être responsables de folies, de paralysies et même de stérilité.
2 Elles initient les malades à la confrérie des gnaouas. Ensuite, durant toute une nuit, elles invoquent tous les génies, jusqu'à arriver au génie du malade. Le malade se lève, pénètre au milieu du cercle, danse et entre en transe. Il s'écroule ensuite brutalement, puis reprend ses esprits, guéri.
3 Le principal danseur fait des acrobaties en s'élevant à plus de deux mètres du sol. Autour de lui, des musiciens l'accompagnent, jouant d'instruments traditionnels.
4 Rabat, Casablanca, Fès, Marrakech, Tanger.
5 Les Marocains.

❻ LA MAURITANIE : les Imragens p. 107

1 • D'esclaves noirs • En circuit fermé, et ne sortent de leurs villages que pour pêcher et échanger les produits de leur pêche avec les autres populations.
2 Depuis la plage, ils repèrent le passage des poissons. Ils se jettent dans l'eau et battent la mer à l'aide de bâtons. Des dauphins, qui les croient en danger, viennent jeter sur la côte tout ce qu'ils trouvent sur ce périmètre. Les Imraguens peuvent à ce moment ramasser leurs poissons.
3 Une très grande variété d'espèces d'oiseaux et de poissons.
5 Nouakchott, Nouadhibou, Zouérate.
6 Les Mauritaniens.

❼ LA SYRIE : le Jourdain p. 109

1 La Syrie, le Liban, la Jordanie et Israël.
2 Les deux principales sources du Jourdain sont situées sur son territoire.
3 Les pays d'Afrique du Nord et du Moyen-Orient verront leurs réserves actuelles divisées par huit, mais l'Amérique du Nord, l'Europe, l'Afrique centrale et l'Océanie continueront d'avoir de l'eau en abondance.
5 Damas, Bosra, Palmyre.
6 Les Syriens.

❽ LA TUNISIE : les femmes p. 111

1 1°) Le principe de l'égalité entre les hommes et les femmes est reconnu par la Constitution. – 2°) La répudiation, la polygamie et toute discrimination sexiste sont interdites. – 3°) Les femmes ont accès à la contraception et au divorce. – 4°) Les pensions sont assurées par un fonds de garantie, mis sur pied par l'État.
2 Ils rappellent que, 814 ans avant Jésus-Christ, les femmes jouaient déjà un rôle important dans le fonctionnement de ce qui n'était pas encore la Tunisie, mais l'empire carthaginois.
3 Il voulait que les travailleurs déjeunent à midi, pendant la période du ramadan.
6 Tunis, Carthage.
7 Les Tunisiens.

L'ASIE DU SUD-EST

— GÉOGRAPHIE - HISTOIRE p. 113

1 La Thaïlande à l'ouest et la Chine au nord.

2 • **Relief** : collines et montagnes • **Climat** : tropical fortement influencé par les moussons • **Températures** : pendant les périodes froides, la température descend aux alentours de 10-12° C, et monte entre 20 et 27° C pendant les périodes de chaleur.

3 • 4 880 km • Dans les plateaux du Tibet • Il irrigue les plantation de riz • Un encombrement de son cours.

4 C'est une dynastie royale, qui en 1802 a réunifié le pays et lui a donné le nom de Vietnam.

5 • Au milieu du XIXe siècle • En 1954.

— POLITIQUE - ÉCONOMIE p. 115

1 Leurs pays ont obtenu l'indépendance.

2 • **Cambodge :** monarchie parlementaire • **Laos et Vietnam :** républiques socialistes.

3 • Opposition entre le Sud du pays, influencé par le capitalisme, et le Nord, communiste • Le Sud du Vietnam soutenu par les États-Unis, et le Nord du Vietnam.

4 55 000 Américains et près d'un million de Vietnamiens ont été tués.

5 Le riz.

6 Le pétrole, l'hévéa, le café.

7 Quelques minerais et quelques gisements de pétrole.

— LANGUES - RELIGIONS p. 117

1 Le vietnamien au Vietnam, le lao au Laos, le khmer au Cambodge.

2 *Nguyen* était le nom de la dynastie royale. Et comme les rois pouvaient aller jusqu'à tuer tous ceux qui portent le même nom que celui qui aurait fait du tort au royaume, beaucoup préféraient donner le nom du roi à leurs enfants, pour leur épargner ces mauvais traitements.

3 Des noms désignant des espèces de fleurs pour les filles, ou évoquant des caractères virils chez les garçons.

5 Le bouddhisme.

6 Le catholicisme et le protestantisme.

7 • Sidharta Gautama. • Il n'y a pas de dieu ; chaque être humain doit pouvoir, par un travail spirituel personnel, accéder à la pureté et à l'illumination, c'est-à-dire au rang d'« éveillé ».

— HOMMES DE LETTRES p. 119

1 À une époque, 90 % des chansons vietnamiennes produites à l'étranger étaient des adaptations de ses poèmes ; et tous les chanteurs vietnamiens ont au moins une chanson de Pham Duy dans leur répertoire.

2 Dans ce poème, Pham Duy parle à la fois de Bouddha et de Jésus, une manière de réconcilier le bouddhisme et le christianisme.

3 *Métisse blanche.*

4 Des difficultés à surmonter dans la société vietnamienne lorsque, comme elle, on est à la fois une fille, une bâtarde et une métisse.

5 Ces influences sont chinoises et indiennes.

6 Le *quoc ngu*.

7 **Au Cambodge :** le prince Areno Lukanthor. **Au Vietnam :** Pham-Duy Kiêm et Pham Van Ky.

❶ LE CAMBODGE : petit véhicule p. 121

1 Le petit véhicule est une doctrine parfaitement athée, c'est-à-dire qu'il n'y a pas de dieu, pas de saint, pas de paradis ni d'enfer. Le grand véhicule considère Bouddha comme un quasi-dieu, et ajoute à ses enseignements une doctrine magique et symbolique.
2 Non, ils y ajoutent un peu de superstition.
3 Il s'agit de génies auxquels les Cambodgiens sont très attachés, qui sont censés protéger leur lieu d'habitation.
5 Une chienne qui met bas dans une maison porte malheur ; il ne faut pas marier deux personnes ayant le même âge, car ils ont les mêmes signes zodiacaux, ce qui peut entraîner un double bonheur ou un double malheur dans le couple ; il ne faut jamais planter un bananier près de sa fenêtre, car les fantômes malveillants peuvent entrer dans la maison grâce à ses feuilles ; etc.
6 Phnom Penh, Battambang.
7 Les Cambodgiens.

❷ LE LAOS : l'éléphant p. 123

1 Les éléphants sont considérés comme des êtres célestes tombés sur terre.
2 Parce qu'ils auraient, selon les croyances lao, acquis le symbole de Bouddha.
3 À piétiner la terre pour la labourer, à transporter du bois, à faire la guerre, à capturer d'autres éléphants.
4 Principalement en Afrique et en Asie du Sud-Est.
5 C'est un animal très massif. On l'appelle d'ailleurs « pachyderme », ce qui veut dire « peau épaisse ». Il dispose d'une longue trompe et de deux cornes en ivoire, qu'on appelle aussi ses défenses. Ses oreilles sont très longues.
6 Vientiane, Luang Prabang, Pakbeng.
7 Les Laotiens.

❸ LE VIETNAM : le nouvel an p. 125

1 On rend visite aux proches et aux amis ; on présente des offrandes aux ancêtres et aux dieux ; on va s'amuser dans des festivals populaires.
2 Elles durent sept jours.
3 Parce qu'il est le symbole même de cette fête, qui doit ouvrir la voie à une année de prospérité. La légende veut que le premier jour, on ne jette pas les ordures, et cela pendant trois jours.
4 Le rat, le buffle, le tigre, le chat, le dragon, le serpent, le cheval, la chèvre, le singe, le coq, le chien et le cochon.
5 Non. Parfois, en raison d'événements imprévus, la fête peut être avancée ou reculée.
6 Hanoi, Hô Chi Minh-Ville (Saigon), Da Nang, Diên Biên Phu, Haiphong.
7 Les Vietnamiens.

L'OCÉAN PACIFIQUE

— GÉOGRAPHIE - HISTOIRE p. 127

1. La Nouvelle-Zélande, la Papouasie-Nouvelle-Guinée, l'Australie.
2. Les reliefs sont accidentés ; le climat est équatorial ou tropical humide.
3. • Ce sont des vents à vitesse modérée (20 à 30 km/h) qui soufflent en permanence, de l'est vers l'ouest, dans les zones intertropicales. • Parce qu'ils soufflent pendant toute l'année et dans la même direction.
4. • Du nord-est vers le sud-ouest • Du sud-est vers le nord-ouest.
5. Il y a trois mille ans • autour du XVIIIe siècle.
6. La France, l'Angleterre, la Hollande, l'Australie.

— POLITIQUE - ÉCONOMIE p. 129

1. Le Vanuatu est une république indépendante; la Nouvelle-Calédonie, la Polynésie française et Wallis-et-Futuna sont des territoires français d'outre-mer.
2. Après son indépendance en 1980, le Vanuatu a été secoué par une crise politique entre anglophones et francophones. Mais, actuellement, tous ces problèmes sont résolus.
3. En 1966 • Mururoa et Fangataufa.
4. Plus de 200 essais nucléaires.
5. Le nickel, le manganèse, le plomb, le chrome, l'or, le cuivre.
6. Les ignames, le taro, la patate douce, le manioc • Des bananes plantin, du manioc, un melon.

— LANGUES - RELIGIONS p. 131

1. Le bichlamar permet aux communautés anglophones et francophones de mieux communiquer entre elles.
2. Les langues mélanésiennes • Des langues austronésiennes • Plus de 300 millions de personnes.
3. Le français, le kanak, l'australien et l'anglais américain.
4. Suite à la Deuxième Guerre mondiale, qui a vu s'établir une forte base américaine en Nouvelle-Calédonie.
5. L'animisme • Les Kanaks sont les populations autochtones d'origine mélanésienne; les Caldoches sont les descendants des Européens.
6. Le christianisme, les religions méthodistes.

— HOMMES DE LETTRES p. 133

1. Vice-président de la Société des gens de lettres de France.
2. *À bord de l'incertaine, Les Contes de Poindi, Remords, Tout peut être inutile.*
3. Parce qu'il y fait un voyage en 1952. Il en reviendra changé.
4. Dans la première histoire, il raconte l'histoire d'un homme qui s'exile en Océanie avant de venir mourir en France, un peu comme sa propre histoire. • Le prix Renaudot • *Place des angoisses, Le Corridor.*
5. *Le Mystère de l'univers maohi.*

❶ LA NOUVELLE-CALÉDONIE : le pilou-pilou p. 135

1 Les hommes construisent des cases pour les invités ; les femmes tressent des nattes à partir de feuilles d'arbres et fabriquent des ornements pour les guerriers.
2 Des famines.
3 • Nouméa • Les Néo-Calédoniens.

WALLIS-ET-FUTUNA : les derniers rois de France p. 135

4 Par un préfet entouré des trois rois les plus importants de Wallis-et-Futuna.
5 Le roi des Wallis est appelé le *lavelua*; les deux rois de Futuna sont appelés le *tu'i agaifo* et le *keletona*.
6 Mata-Utu • Les Wallisiens et les Futuniens.

❷ LA POLYNÉSIE FRANÇAISE : arioi p. 137

1 Le dieu de la pluie, de la fertilité, de la danse et du chant.
2 Ce sont des scènes drôles pendant lesquelles des grands prêtres ou des chefs peuvent être tournés en ridicule, ou bien des scènes de danse ou de lutte, etc.
3 Papeete • Les Polynésiens.

LE VANUATU : un peu de kava p. 137

4 On fait des infusions d'eau froide, à partir de racines de kava pilées.
5 Elle permet d'entrer en contact avec les dieux et les ancêtres.
6 Port-Vila • Les Vanuatuans.

LES CARAÏBES

— GÉOGRAPHIE - HISTOIRE p. 139

1 La Guadeloupe, la Guyane française, Haïti, la Martinique.

2 Sols volcaniques ou coralliens; climat humide, avec une alternance entre fortes pluies et fortes chaleurs.

3 Des bateaux partaient des ports européens avec des produits tels que des miroirs ou des vêtements, qu'ils remettaient à des chefs africains. En échange, ces derniers leur donnaient des hommes noirs, capturés à l'intérieur du continent. Ces hommes noirs étaient conduits dans toute l'Amérique, pour travailler dans des plantations. Leurs productions étaient ramenées en Europe par les mêmes bateaux pour être commercialisées.

• 1°) Des Européens sont allés en Afrique avec des objets (vêtements, miroirs, etc.). – 2°) Ils les échangeaient contre des esclaves emmenés en Amérique pour travailler dans les champs. – 3°) D'Amérique, les denrées produites par les esclaves partaient pour l'Europe.

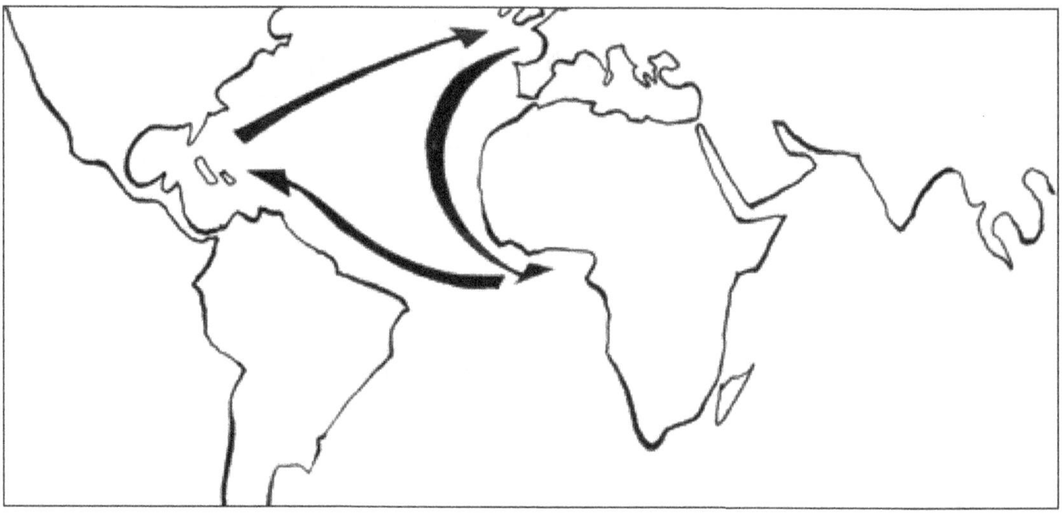

4 Les Indiens. • Parce que, pour s'installer, les Européens ont parfois tué des populations autochtones.

5 Plus de 10 millions.

— POLITIQUE - ÉCONOMIE p. 141

1 Haïti est une république indépendante; la Guadeloupe, la Martinique et la Guyane sont des départements français d'outre-mer.

2 Un DOM est un département français d'outre-mer et un TOM un territoire français d'outre-mer. Il s'agit de deux statuts que la France attribue à des territoires qui lui appartiennent, mais sont situés sur d'autres continents. La différence entre ces deux statuts se situe principalement au niveau du degré d'autonomie: un TOM a plus d'autonomie vis-à-vis de la métropole qu'un DOM.

3 1804.

4 Jean-Claude Duvalier, président de Haïti de 1971 à 1986.

5 Ils étaient spécialisés dans les exécutions politiques, les pillages, les tortures, etc.

6 La canne à sucre, les bananes, les ananas.
7 Le tourisme.

— LANGUES - RELIGIONS p. 143

1 • C'est un mot d'origine espagnole qui veut dire « élevés ici ». • Au cours du XVIIe siècle. • Les langues africaines, les langues indiennes et les langues européennes.
2 Le créole des Caraïbes francophones ne reçoit pas d'influence de l'anglais ou de l'australien, comme c'est le cas du créole calédonien.
4 Le christianisme.
5 Il est arrivé du Bénin avec les esclaves.
6 Dans un temple appelé *humfor*, le grand prêtre – le *mambo* – fait des incantations accompagnées de louanges et de chants de l'assemblée. Après cela, on procède à des sacrifices d'animaux et à une distribution d'offrandes.

— HOMMES DE LETTRES p. 145

1 Né le 26 juin 1913 en Martinique, il est un des pères de la négritude.
2 Le colonialisme, l'émancipation des Noirs, etc.
3 Léopold Sédar Sengor et Birago Diop.
4 Césaire parle de « l'homme-famine, l'homme-insulte, l'homme-torture – on pouvait à n'importe quel moment le saisir, le rouer de coups, le tuer sans avoir de compte à rendre à personne, sans avoir d'excuses à présenter à personne » : c'est une façon de condamner ce genre d'attitude.
5 Au lycée Victor-Schœlcher, en Martinique.
6 Parce qu'il est à la fois écrivain et médecin neurologue.

❶ LA GUADELOUPE : le rhum p. 147

1 La canne à sucre est découpée en morceaux, mélangée à de l'eau, le tout versé dans un moulin où sera extrait le jus. Après environ quarante heures de fermentation, ce jus est chauffé. L'alcool s'évapore et est reliquéfié, ce qui donne du rhum blanc.
2 Le Père Labat • À Marie-Galante.
3 Pointe-à-Pitre, Port-Louis • Les Guadeloupéens.

LA MARTINIQUE : le zouk p. 147

4 C'est un mélange de rythmes antillais et de rythmes d'Afrique centrale, tels que le *makossa* du Cameroun et le *soukouss* des deux Congo.
5 Les Kassav • Le zouk-love.
6 Fort-de-France, Basse-Pointe, Fonds-Saint-Denis, Saint-Pierre • Les Martiniquais.

❷ LA GUYANE FRANÇAISE : la ruée vers l'or p. 149

1 **La poêle à frire :** on recueille de la terre au fond d'un cours d'eau où on a jadis trouvé de l'or. Cette terre est « lavée ». – **Le *long tom* :** une espèce de caisse en bois à deux étages ; le premier étage recueille la terre, et le second les alluvions (de la boue), dans lesquelles sera cherché l'or. – **Le *cayotinh* :** on creuse des puits pour parvenir jusqu'au lit rocheux d'une rivière, afin d'y trouver une poche aurifère.

2 Elles sont illégales.

3 Les paysans guyanais louent leurs terres aux Brésiliens pour rechercher l'or, qu'ensuite ils se partageront.

4 Cela débouche souvent sur des conflits, parce que les Brésiliens sont parfois soupçonnés d'avoir trouvé de l'or et de l'avoir dissimulé.

5 Cayenne, Saint-Georges, Saint-Laurent-du-Maroni.

6 Les Guyanais.

❸ HAÏTI : le dixième département p. 151

1 Il s'agit de l'ensemble de tous les Haïtiens vivant à l'étranger.

2 Haïti est divisé en neuf départements.

3 Plus de 2 millions.

4 1°) Création d'un ministère des Haïtiens vivant à l'étranger. – 2°) Le mois d'octobre a été déclaré « mois du dixième département ».

5 À cause de la pauvreté et de la misère.

6 Port-au-Prince, Jacmel, Les Cayes.

7 Les Haïtiens.

L'AMÉRIQUE DU NORD

— GÉOGRAPHIE - HISTOIRE p. 153

1 Les États-Unis et le Canada.
2 En Louisiane, on a un climat subtropical (chaud et humide) et un relief de plaines côtières ; au Québec et au Nouveau-Brunswick, le climat est plus froid avec des températures moyennes de – 10° C pendant le mois de janvier.
3 • 3 780 km • Parce qu'il rend fertiles les sols de la Louisiane, favorisant ainsi l'agriculture.
4 En 1803 • 15 millions de dollars.
5 Cinquante États • Dix-huitième.
6 1755 • En Louisiane.

— POLITIQUE - ÉCONOMIE p. 155

1 • État fédéré des États-Unis • Province du Canada • Province du Canada.
2 En 1995 • 50,6 % de « non à l'indépendance » contre 49,4 % de « oui à l'indépendance ».
3 Quatre ans.
4 Le Sud, esclavagiste, souhaitait se séparer du Nord, opposé à l'esclavage.
6 • **Louisiane** : pétrole, gaz, riz • **Québec** : réserves hydroélectriques et minières • **Nouveau-Brunswick** : agriculture, pêche.

— LANGUES - RELIGIONS p. 157

1 Les **Cajuns** sont des descendants de Français installés en Louisiane. Le **cajun** est la langue qu'ils parlent.
2 Il s'agit de mots français légèrement modifiés sans aucune véritable logique.
3 *Persécuteur* pour dire « percepteur » ; *couroir* pour dire « couloir » ; *téléformer* pour dire « téléphoner » ; *machineuf* pour dire « machiniste », etc.
4 Le Conseil de la Nouvelle-Écosse au Canada décide de se débarrasser de tous les Acadiens. Il veut éviter que ces derniers ne prennent parti dans la guerre à venir entre la France et l'Angleterre pour le contrôle du Canada, qu'on appellera plus tard la « guerre de Sept Ans ». 46 bateaux sont chargés de plus de 13 000 Acadiens, et priés de quitter le Canada.
5 Entre 7 000 et 8 000 Acadiens trouveront la mort et de nombreuses familles seront séparées. Les survivants seront dispersés à travers les territoires britanniques du monde, mais beaucoup se sont réfugiés aux États-Unis, où ils ont formé la communauté des Cajuns.
6 Le christianisme, notamment les églises méthodistes américaines ; le vaudou et, de plus en plus, l'islam. • Parce que les Églises méthodistes américaines sont très enracinées dans cette partie des États-Unis.
7 Parce que de nombreux esclaves y sont arrivés, avec leurs traditions africaines.

— HOMMES DE LETTRES p. 159

1 En 1979, avec *Pélagie la Charrette.*
2 Antonine Maillet parle dans la première citation du « temps » qui a « bon goût » dans les territoires vierges du Nouveau-Brunswick ou, dans la deuxième citation, des « racines » qui renvoient toujours à son terroir du Nouveau-Brunswick.
3 Ses origines cajuns • Musicien et poète.
4 Tous les deux sont des descendants d'Acadiens.
5 • 1966 • Style riche et sophistiqué • *Le Nez qui voque* (1967) et *L'Océantume* (1968).
6 Philippe Aubert de Gaspé, Paul Chamberland, Marie-Claire Blais, Victor-Lévy Beaulieu, Gérard Leblanc et Claude Beauseauleil.

❶ LA LOUISIANE : le jazz p. 161

1. À l'époque de l'esclavage.
2. Buddy Bolden • Louis Armstrong.
3. Le swing, le be-bop, le jazz fusion, le free-jazz.
4. New York.
5. Parce qu'elle est un mélange de sonorités : guitare espagnole, balafon africain, accordéon allemand, paroles en français, etc.
6. L'histoire du peuple louisianais.
7. La Nouvelle-Orléans, Baton Rouge • New York, Washington, Atlanta, Miami, Dallas, San Francisco, Las Vegas, Los Angeles.
8. Les Louisianais.

❷ LE NOUVEAU-BRUNSWICK : du bruit p. 163

1. Pour fêter leur fête nationale.
2. La montée de Marie au ciel (fête catholique).
3. Ils descendent dans les rues, maquillés, vêtus de costumes particuliers et entourés des autres membres de leur famille. Chacun fait le plus de bruit possible, avec des casseroles, des cuillères, des sirènes, des trompettes.
4. Démontrer bruyamment la vivacité du peuple acadien.
5. Annoncer les naissances • Deux coups pour une fille, trois coups pour un garçon.
6. En 1955, lors de la célébration des 200 ans du Grand Dérangement.
7. Fredericton, St John.
8. Les Néo-Brunswickois.

❸ QUÉBEC : le 1er juillet p. 165

1. Le cinquième de la population.
2. En 1974, le gouvernement de la province de Québec a décidé de prolonger tous les baux, qui prenaient fin normalement le 30 avril. Car cette date posait des problèmes aux élèves, souvent forcés de déménager en plein milieu de l'année scolaire. Maintenant, avec le 1er juillet, l'année scolaire des élèves n'est pas perturbée.
3. Le penchant des Québécois pour l'incertitude ; leur quête permanente d'un logement meilleur.
4. Les trois quarts des Montréalais préfèrent être locataires, pour pouvoir déménager quand ils le souhaitent.
5. Le nouvel arrivant attend que la maison soit libérée par l'ancien occupant qui, lui-même, attend que l'ancien occupant de sa nouvelle maison soit aussi parti.
6. Québec, Montréal • Ottawa, Edmonton, Calgary, Vancouver, Hamilton.
7. Les Québécois.

L'EUROPE

— GÉOGRAPHIE - HISTOIRE p. 167

1 La France, l'Italie, l'Allemagne.
2 Les reliefs de ces pays représentent une synthèse des reliefs européens. La **Belgique** est un pays de plaines ; le **Luxembourg** un pays de plateaux ; la **Suisse** et le **Val d'Aoste** sont situés au cœur d'un pays de montagnes, dénommées les Alpes.
3 La Suisse, la France et l'Italie.
4 Le mont Blanc culmine à 4 810 mètres.
5 Le mont Rose (4 634 m), le Cervin (4 478 m), le Grand Combin (4 314 m).
6 Parce que le Rhin et le Rhône y prennent leur source, notamment dans le massif du Saint-Gothard.
7 D'environ 3 000 avant Jésus-Christ.
8 Entre 1800 et 1814, avant de revenir à l'Italie.

— POLITIQUE - ÉCONOMIE p. 169

1 Le **Val d'Aoste** est un territoire italien bénéficiant d'une grande autonomie ; la **Belgique** est une monarchie parlementaire ; le **Luxembourg** une monarchie constitutionnelle ; la **Suisse** est une démocratie parlementaire.
2 Dans une monarchie parlementaire, le roi règne, mais ne gouverne pas ; dans une monarchie constitutionnelle, le roi gouverne.
3 Léopold de Saxe-Cobourg.
4 La monarchie de Belgique a toujours joué un rôle de conciliation entre les Wallons (Belges francophones) et les Flamands, les deux principales communautés du pays.
5 L'ex-Zaïre, aujourd'hui République démocratique du Congo.
6 Le territoire de RDC recouvre 76 fois celui de la Belgique.
7 Les banques et le tourisme.
8 Le cacao et le café.

— LANGUES - RELIGIONS p. 171

1 • Septante • Huitante • Nonante.
2 • Serpillière • Désordre • Gant de toilette • Clignotant • Dîner.
3 *Une septantaine* (environ soixante-dix) • Retomber *sur leurs pattes* (sur leurs pieds) • *Timbre* au chômage (pointe au chômage).
4 • Le flamand et l'allemand • L'allemand, l'italien • Le luxembourgeois, l'allemand • L'italien.
5 • 45 % • 20 % • 20 %.
6 Le christianisme (catholicisme et protestantisme).

— HOMMES DE LETTRES p. 173

1 80 *Maigret* • *Les Treize Coupables, Les Treize Énigmes, Les Treize Mystères.*
3 En 1973, avec le roman *L'Ogre.*
4 La solitude, l'érotisme, la fascination de la mort • La solitude.
5 Poète et dramaturge.
6 *Usage du temps* (1946), *Enfantines* (1950), *Révélations* (1958).

❶ LA BELGIQUE : Bruxelles p. 175

1 C'est le siège de la Commission européenne, principale instance de décision de l'Union européenne.
2 La Belgique a toujours joué ce que les spécialistes de la politique internationale appellent un rôle tampon entre les grandes puissances européennes que sont la France, l'Allemagne et la Grande-Bretagne. Et, de plus, Bruxelles offre un exemple de cohabitation entre communautés, sans grands heurts.
4 Bruxelles, Anvers, Bruges, Charleroi, Gand, Liège, Namur.
5 Les Belges.

❷ LE LUXEMBOURG : les frontaliers p. 177

1 38 % (soit 105 000 travailleurs).
2 De France (56 000 travailleurs) et d'Allemagne (28 000 travailleurs).
3 Les banques.
4 Luxembourg, Clervaux • Les Luxembourgeois.

LE VAL D'AOSTE : la grappa p. 177

5 Raisin pressé.
6 Eau-de-vie.
7 Les raisins sont détachés de leur rafle. Ils sont ensuite pressés après fermentation alcoolique. On obtient le marc de raisin, qui est à nouveau fermenté en cuve. On y ajoute de la lie de levure et on procède à la distillation.
8 Aoste, Valtourmanche • Les Valdôtains.

❸ LA SUISSE : le référendum p. 179

1 Il doit réunir au moins 50 000 signatures de personnes qui, comme lui, sont opposées à ce texte. S'il réussit à obtenir toutes ces signatures en cent jours, le texte ainsi contesté sera soumis à un référendum au cours duquel tout le peuple est appelé à se prononcer.
2 C'est la possibilité, pour tout citoyen jouissant de ses droits civiques, de proposer des lois. Il faut pour cela qu'il réunisse cent mille signatures.
3 C'est un référendum, après l'aboutissement d'une procédure de « droit d'initiative populaire ».
4 C'est un gouvernement du peuple, par le peuple et pour le peuple.
6 Les guerres.
7 Berne, Bâle, Genève, Sion, Zurich.
8 Les Suisses.

N° de projet : 10280511 – Dépôt légal : juin 2019

Achevé d'imprimer en janvier 2021
sur les presses numériques de l'Imprimerie Maury S.A.S.
Z.I. des Ondes – 12100 Millau
N° d'impression : L21/70391N

Imprimé en France